Annette Böhme

Babyschwimmen

Annette **Böhme**

Babyschwimmen

Eltern lernen loslassen!

Eine vollständige Kursanleitung

nhaltsverzeichnis

Vorwort

Liebe Eltern,

durch diese Kursanleitung können Sie Ihrem Baby das Element Wasser spielerisch näherbringen und viele gemeinsame Stunden mit innigem Körperkontakt erleben. Anhand vieler Fotos und detaillierter Beschreibungen wird Ihnen in diesem Ratgeber genau erklärt, wie Babyschwimmen funktioniert.

In der Schwerelosigkeit des Wassers gelingen Ihrem Baby viele Bewegungen leichter als an Land. So trainieren die Kleinen ihre Muskeln und lernen Bewegungen besser zu koordinieren. Babyschwimmen ist leichtes Training und sinnvolle Beschäftigung zugleich. Ihr Baby wird Erfolgserlebnisse haben – das trägt ganz wesentlich zur Entwicklung einer selbstbewussten Persönlichkeit bei.

Bei Eltern, die einen Kurs bei mir besucht haben, konnte ich erkennen, wie sicher und selbstverständlich sie mit ihrem Baby umgingen. Die Eltern der Babys wussten genau, was sie mit ihrem Kind im Wasser machen können, was dem Baby Spaß macht und seine Entwicklung fördert.

Mehrere Jahre habe ich Babyschwimmkurse gegeben und bin inzwischen selbst Mutter geworden. Natürlich habe ich meinem Sohn eigene Stunden gegeben und hatte somit Gelegenheit, beide Seiten kennen zu lernen; die der Kursleiterin und die der Mutter. Es ist einfach wunderbar, Babyschwimmstunden mit dem eigenen Kind zu genießen. Das wohlige Gefühl, von Wasser umhüllt zu sein, und die Geborgenheit, die Sie mit Ihrem Kind erleben, sind es Wert, zum Babyschwimmen zu gehen.

Warum ist Babyschwimmen für mein Kind so wichtig?

Babyschwimmen macht einfach Spaß! Das ist aber längst nicht alles. Jedes Baby braucht spielerische Anregungen, um seine Anlagen frei entfalten zu können und seine Fähigkeiten zu entwickeln. Da Babyschwimmen eine besondere Form der Eltern-Kind-Gymnastik ist, unterstützt sie durch das Medium Wasser Bewegungsabläufe und vertieft den Eltern-Kind-Kontakt mit viel körperlicher Nähe. Erste dreidimensionale Bewegungsaktivitäten werden möglich und bereiten dem Baby viel Freude. Zudem wird die soziale Entwicklung des Kindes durch den Kontakt zu anderen Babys gefördert.

Beim Baby sind es angeborene, reflexartige Bewegungen, die im Wasser möglich werden. Das sind Bewegungen, die das Kind schon im Mutterleib gemacht hat. Daher auch das große Wohlbefinden der Babys beim Baden.

Beim Babyschwimmen wird in der Bauchlage erstes Reflexkriechen des Kindes stimuliert, und zwar durch die Aktivierung der quergestreiften Muskulatur. Dadurch wird die im zentralen Nervensystem liegende Koordination der Bewegungsmuster frühzeitig aktiviert und stabilisiert. Das Vertrauen in die eigenen Fähigkeiten wird gestärkt, und auch im Bereich Konzentration und Lernbereitschaft werden erste Anlagen entfaltet.

Bestehende Haltungs- und Bewegungsstörungen können durch das Babyschwimmen verbessert werden. Frühzeitiges „Schwimmen" regt die Motorik an und führt zu einer sicheren Körperbeherrschung, wodurch die gesamte Entwicklung des Säuglings günstig beeinflusst wird.

Bei körperbehinderten Säuglingen ist Babyschwimmen überaus förderlich, insbesondere wenn eine Spastik der Muskulatur besteht. Durch gezielte Bewegungsübungen im Wasser kann die Muskulatur deutlich aufgebaut und der Bewegungsapparat spürbar gekräftigt werden.

Frühgeborene Babys müssen im Vergleich zu gleichaltrigen Kindern häufig einen Entwicklungsrückstand aufholen. Hier besteht die Möglichkeit, durch das Babyschwimmen positiv auf die weitere Entwicklung einzuwirken und Entwicklungsverzögerungen auszugleichen.

Bewegungserfahrungen, die im Wasser gemacht wurden, erleichtern motorische Fortbewegungsmöglichkeiten wie Kriechen, Robben, Krabbeln und Laufen. Die gezielte Bewegungsschulung verbessert die gesamte Körperkontrolle. Auch das Greifen und Loslassen von Gegenständen wird schneller beherrscht. Babyschwimmen hat für die Entwicklung aller Bewegungen Ihres Kindes eine herausragende Bedeutung.

Ab welchem Alter ist das Babyschwimmen gut für mein Kind?

Ihr Baby sollte zwischen 4 und 12 Monaten alt sein, den Kopf in der Bauchlage heben und einige Minuten halten können. Beim Säugling muss der Schluck-, Husten- und Niesreflex vorhanden sein. Kinder ab dem 12. Lebensmonat entwickeln häufig erste Ängste gegenüber dem Element Wasser und erleben nicht mehr diese unbefangene Freude beim Baden.

Kinder unter dem vierten Lebensmonat kühlen sehr leicht aus und benötigen eine Wassertemperatur von mehr als 34 °C. Besonders bei sehr jungen Säuglingen kommt es leicht zu einer Reizüberflutung im Schwimmbad, ausgelöst durch akustische und visuelle Einflüsse.

Ein Babyschwimmkurs dient nur der Wassergewöhnung. Meist erlernen Kinder ab dem vierten bis sechsten Lebensjahr das „richtige" Schwimmen.

Wie finde ich das richtige Schwimmbad?

Wie finde ich das richtige Schwimmbad, um mit meinem Kind zum Babyschwimmen gehen zu können? In fast jeder größeren Stadt gibt es Schwimmbäder. Rufen Sie dort an und fragen Sie nach Warmbadetagen, an denen das Beckenwasser auf 32 bis 34 °C aufgeheizt wird und frei für Sie und Ihr Kind ist. Die empfohlene Temperatur von 32 bis 34 °C stimuliert aktive Bewegungen. Wärmeres Wasser entspannt die Muskulatur und die Bewegungsimpulse werden verringert.

Noch ein Wort zur Wassertiefe: Die optimale Wassertiefe ist abhängig von Ihrer Größe und sollte möglichst Brusttiefe betragen. Wenn Sie sehr klein sind, reichen schon 1,10 m Wassertiefe, ansonsten sind 1,30 m Wassertiefe ideal.

m Element

Das Verhalten der Kinder im Wasser ist sehr unterschiedlich. Die einen quietschen vor Vergnügen, die anderen sind eher verhalten, ganz dem Temperament des Einzelnen entsprechend. Manche Kinder suchen engsten Kontakt zur Mutter, andere hingegen vergessen alles um sich herum. Geben Sie Ihrem Kind immer das, was es gerade braucht: Wärme und Geborgenheit, Aufmunterung und Ansporn oder Trost und Zuwendung.

auer der Schwimmstunde

Bei einem Säugling ist die Wärme abgebende Körperoberfläche größer als der Wärme produzierende Körperkern. Dadurch ist der Wärmeverlust gegenüber Erwachsenen deutlich höher, und das Kind fängt schneller an zu frösteln. Empfohlen wird daher eine Badedauer von 20 bis 30 Minuten, bei 32 bis 34 °C Wassertemperatur, die nicht überschritten werden sollte.

Wirkungsweisen des Wassers

Im Wasser fühlen wir uns wohl, mit dem Wasser werden wir eins. Warum das so ist, liegt an verschiedenen Faktoren:

Die **Auftriebskraft** des Wassers reduziert scheinbar das Gewicht des Körpers. Dadurch wird die Muskulatur entspannt und Bewegungen im Wasser erleichtert. Ihr Baby hat dadurch wesentlich mehr Möglichkeiten sich frei zu bewegen als an Land.

Der **hydrostatische Druck**, welcher auf dem im Wasser befindlichen Körper ruht, ist der Druck, gegen den man „anatmen" muss. Er erschwert die Einatmung und erleichtert die Ausatmung. Halten wir uns im Wasser auf, so trainiert und stärkt der hydrostatische Druck unsere Atmung und damit das Herz-Kreislauf-System. Zugleich wirkt sich der Wasserdruck auf den venösen Blutstrom aus. Der Aufenthalt im Wasser wirkt dadurch Krampfadern und Ödemen (Schwellungen) entgegen, ein weiterer angenehmer Nebeneffekt für die Erwachsenen.

Der **Reibungswiderstand** des Wassers muss von dem im Wasser befindlichen Körper überwunden werden und stärkt die Muskulatur. Die Bewegungen werden etwas gebremst und der Kraftaufwand ist größer.

Voraussetzungen bei den Eltern

Wenn Sie als Eltern Ihr Kind zum Babyschwimmen begleiten, sollten Sie sich sicher im brusttiefen Wasser bewegen können. Selbst schwimmen zu können ist keine Grundvoraussetzung. Es ist aber hilfreich, sich als Begleitperson im Wasser wirklich sicher zu fühlen, denn eventuelle Unsicherheiten würden sich auf das Kind übertragen und das Baby würde Ihre Ängste widerspiegeln.

Für Sie als Eltern empfehle ich die Teilnahme an einem Erste-Hilfe-Kurs für Säuglinge und Kleinkinder. Diese Seminare werden von karitativen Verbänden in den Gemeinden angeboten und sind recht preiswert. Dort lernen Sie richtiges Verhalten bei Verletzungen und Unfällen. Sogar Wiederbelebung mit Beatmung und Herzmassage wird in diesen Kursen geübt. Auch außerhalb eines Schwimmbades wird Ihnen solch ein Kurs im Umgang mit dem Baby mehr Sicherheit geben.

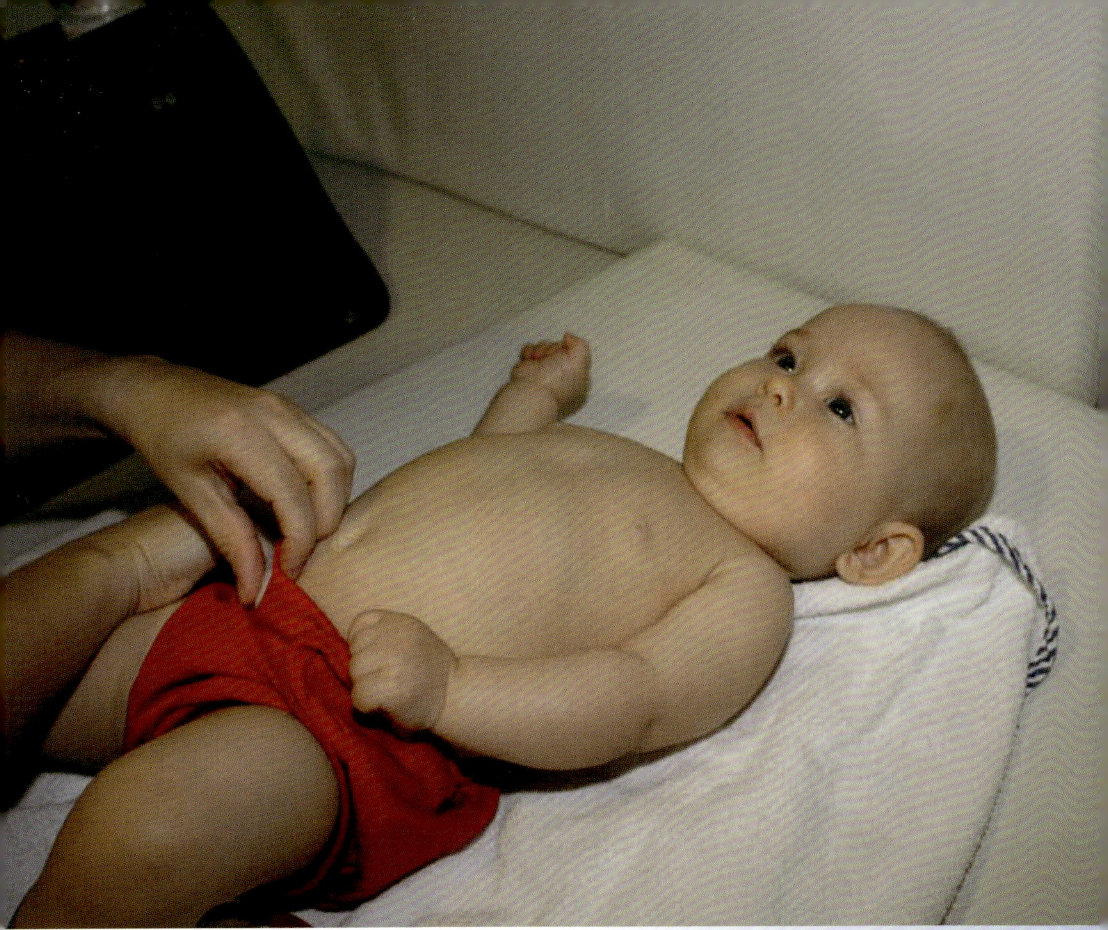

äumlichkeiten

In den meisten Schwimmbädern sind die Umkleiden mit Wickeltischen ausgestattet, auf denen Sie bequem Ihr Kind wickeln und umziehen können.

Als Alternative könnten Sie auch eine geeignete Unterlage (z. B. eine Wolldecke) auf dem Boden auslegen und dort Ihr Baby umziehen. Wenn Sie sich selbst umziehen, gehört Ihr Kind in eine Babywippe, die fest auf dem Boden steht, oder auf eine andere bequeme Unterlage, die Ihrem Kind Sicherheit bietet.

! ***Wichtig:*** *Bitte lassen Sie Ihr Kind* niemals *unbeaufsichtigt auf einem Wickeltisch liegen. Bei einem Sturz vom Wickeltisch kann Ihr Kind ernste Verletzungen davontragen.*

Die Luft in den Umkleidekabinen wird nach dem Schwimmen oft als kühl und zugig empfunden. Nehmen Sie doch eine Windel und die Unterwäsche mit in die Schwimmhalle und ziehen Ihr Baby dort nach dem gemeinsamen Duschen um.

Spielzeug und Schwimmhilfen

Wasserspielzeug gibt es in unglaublich vielen Formen und Farben. Als Spielzeug geeignet ist alles, was auch mit in die Badewanne genommen werden kann; was nicht zu groß ist und schwimmt. Das können aufblasbare Tiere, kleine Schiffe, Quietschentchen, Bälle usw. sein.

Da von den Babys alles gerne durchgekaut wird, achten Sie bitte bei der Auswahl der Spielsachen darauf, dass diese tatsächlich für Ihr Kind geeignet und auch gesundheitlich unbedenklich sind. Entscheiden Sie sich unbedingt für geprüfte Qualitätsware, auch wenn diese auf den ersten Blick etwas teurer erscheint.

Qualitätsmerkmale sind das CE- und das GS-Zeichen. Durch die Anbringung der CE-Kennzeichnung erklärt der Hersteller oder Importeur, dass die wesentlichen Sicherheitsanforderungen eingehalten wurden. Das GS-Zeichen beruht ausschließlich auf deutschem Recht und zeigt, dass die sicherheitstechnischen Voraussetzungen im Rahmen einer Bauartprüfung erfüllt sind.

Eine kleine Auswahl geeigneter Badespielzeuge habe ich für Sie einmal zusammengestellt:

Bei den Schwimmhilfen wird es schon etwas schwieriger, die richtige Auswahl zu treffen. Sehr gute Erfahrungen habe ich mit aufblasbaren Schwimmflügeln der Firma Wehncke, *Bema* Größe 00 – 0, gemacht. Diese Schwimmhilfen sind preisgünstig, leicht zu verstauen, haben eine lange Lebensdauer und sind unproblematisch anzulegen. Außerdem verfügen *Bema*-Schwimmflügel über Sicherheitsventile, die verhindern, dass die Luft möglicherweise ungewollt entweichen kann. *Bema*-Schwimmflügel haben sich seit vielen Jahren erfolgreich auf dem Markt etabliert und wurden ständig verbessert.

Auf den *Bema*-Schwimmflügeln ist vermerkt, bis zu welchem Alter (bzw. Gewicht) Ihres Kindes die jeweilige Schwimmflügelgröße genutzt werden kann. Bei sehr jungen oder leichten Säuglingen ist die Größe 00 zu empfehlen. Die Schwimmflügel in Größe 00 sind auch etwas schmaler und für die kürzeren Arme des noch sehr jungen Säuglings wunderbar geeignet. Bei größeren Babys kann dann die Größe 0 verwendet werden, die bis zum fünften Lebensjahr genutzt werden kann.

Diese Schwimmhilfen sind eine preisgünstige Anschaffung, an der Sie lange Zeit Freude haben werden.

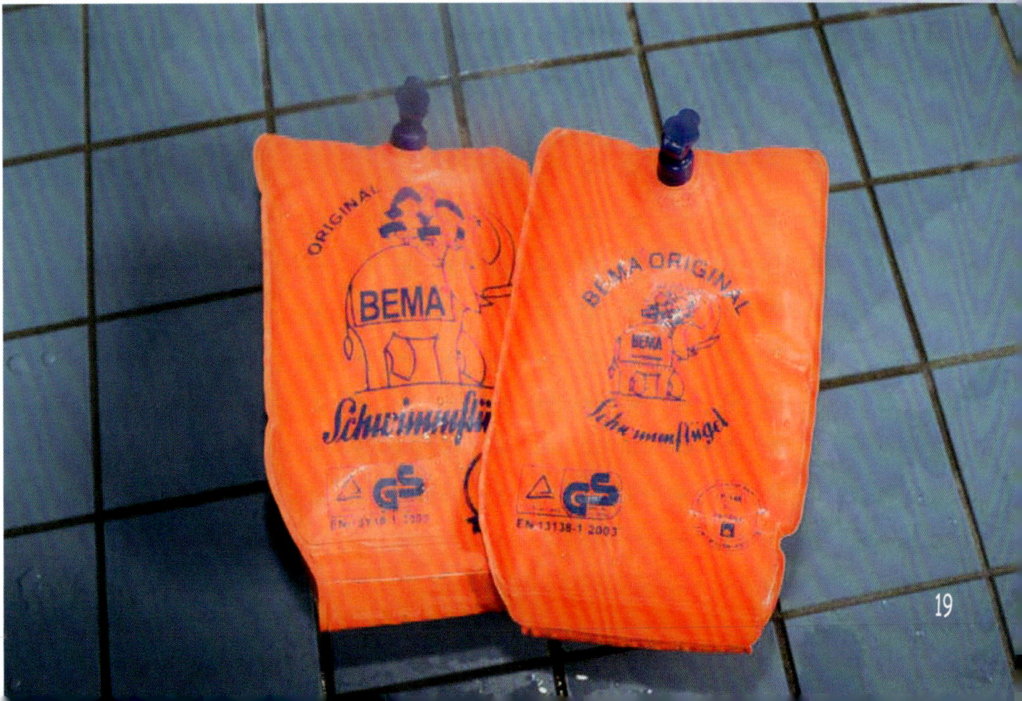

Außer den Schwimmflügeln gibt es Schwimmscheiben, die einfach auf die Arme des Babys geschoben werden können und je nach Anzahl der Schwimmscheiben mehr oder weniger Auftrieb geben. Schwimmscheiben sind z. B. von der Firma *Delphin* erhältlich. Die Scheiben verschachteln sich durch Noppen und Vertiefungen ineinander und wirken dann wie aus einem Guss. Ein bis drei Scheiben pro Arm sind die ideale Ausrüstung.

Durch einen flexiblen Armdurchlass passen sich die Schwimmscheiben dem Armdurchmesser an.

Größere Kinder können die Scheiben sogar selbst überstreifen. Diese Schwimmscheiben haben eine Lebensdauer von vielen Jahren und können meist an Geschwisterkinder weitergegeben werden.

Ferner gibt es Schwimmflügel die über einen eingearbeiteten Styroporkern verfügen, und ebenfalls sehr gute Eigenschaften besitzen. z.B. Flipper SwimSafe.

Abraten würde ich von aufblasbaren Leinensäkken, die jedes Mal quellen müssen und leicht von Schimmelpilzen befallen werden können.

Die Auswahl ist groß und die Qual der Wahl schwer. Lassen Sie sich nicht von dem umfangreichen Angebot an Schwimmhilfen verwirren. Keines der angebotenen Produkte bewahrt Ihr Kind vor dem Untergehen. Sie als Eltern müssen immer hilfreich zur Stelle sein.

Als Schwimmreifen haben sich Ringe mit einem Innendurchmesser von ca. 16 bis 18 cm und einem Außendurchmesser von ca. 40 bis 45 cm bewährt. Im Handel gibt es Schwimmringe mit vielen hübschen Motiven und in verschiedenen Farben. Achten Sie beim Kauf auf Qualität, denn die ersten Zähnchen Ihres Sprösslings sind scharf wie Mäusezähne, und dünnwandige Schwimmreifen können leicht durchlöchert werden.

Als Alternative zu den Schwimmreifen sind auch die farbenfrohen „Schwimmnudeln" gut geeignet. Schwimmnudeln sind längliche Styropor-Stränge, in die man einen Knoten macht und dann um das Baby legt. Ihr größter Vorteil liegt in der langen Haltbarkeit. Schwimmnudeln verlieren keine Luft und können lange Zeit für schöne Wasserspielereien genutzt werden. Außerdem lassen sie sich leicht an den Körperumfang des Kindes anpassen.

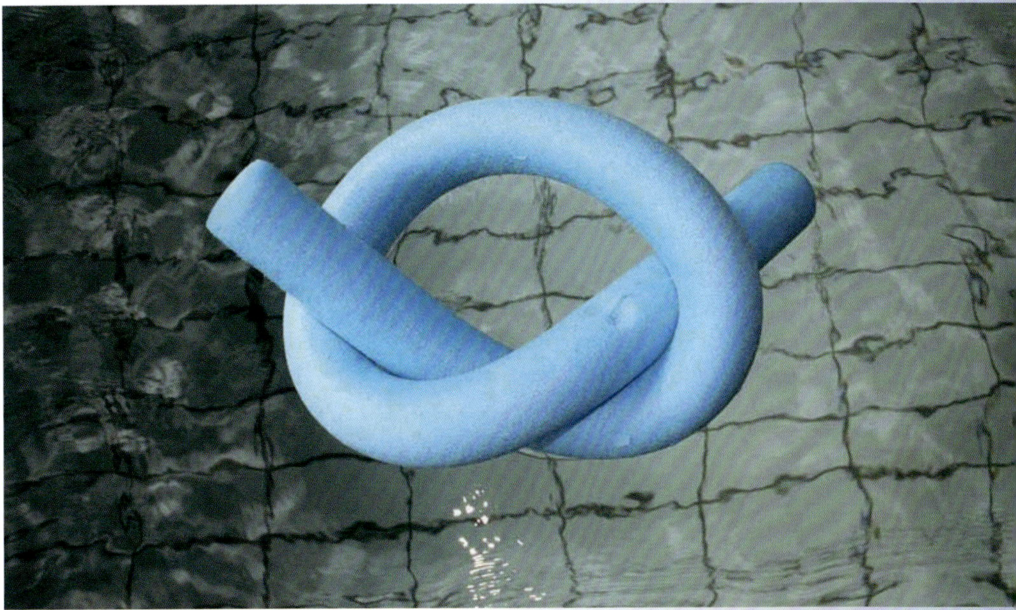

Beliebt sind Schwimmreifen mit eingearbeiteten Höschen, die häufig wie ein Tier aussehen, z. B. wie ein Marienkäfer. Diese Schwimmreifen sind jedoch nur sinnvoll, wenn sie Ihrem Kind gut passen. Ist Ihr Kind noch zu klein, dann sitzt es sehr tief in dem Schwimmreifen und kann nicht richtig über den Reifenrand schauen. Ist Ihr Kind für den Reifen zu groß, dann sitzt es wiederum zu hoch und droht womöglich zu kentern. Sollte Ihr Baby im Idealfall gut darin sitzen, haben Sie als Eltern eine Schwimmhilfe mit guter Bewegungsfreiheit für die Beinchen Ihres Kindes. Normale Schwimmreifen reichen aber grundsätzlich völlig aus.

Bei der Fülle an Zubehör sollten Sie als Eltern wissen, dass man eigentlich nicht viel benötigt, um seinem Kind eine vergnügliche Zeit zu bescheren. Gehen Sie also entspannt an das Vorhaben Babyschwimmen heran.

Vasser geschluckt?

Beim Herumtollen im Wasser wird es immer wieder passieren, dass Ihr Kind etwas Wasser in Mund und Nase bekommt. Sollte Ihr Kind einmal Wasser schlucken bzw. sich verschlucken, dann nehmen Sie es schnell auf den Arm und klopfen ihm leicht auf den Rücken, bis das Wasser wieder herausgehustet ist. Leichtes Verschlucken von Wasser ist für die Kinder harmlos und wird selbstständig abgehustet.

'auchen

In einigen Babyschwimmschulen wird das Tauchen angeboten. In meinen Kursen haben meine Kollegen und ich weitgehend auf Tauchübungen verzichtet, denn Tauchen birgt für Babys und Kleinkinder leider auch Risiken. Man kann nicht sicher sein, ob der Atemschutzreflex ausgelöst wird. Man läuft dabei Gefahr, dass das Baby unter Wasser voll einatmet und eine große Menge Wasser in die Lunge bekommt. Das Einatmen von Wasser kann Schäden verursachen, die bei einem „normalen" Verschlucken nicht auftreten können.

Beim Tauchvorgang kann das Baby eine größere Menge Wasser schlucken, was rasch zu einer Wasserintoxikation mit Elektrolytentgleisung führen kann. Eine Wasserintoxikation ist eine Wasservergiftung, hervorgerufen durch übermäßige Wasserzufuhr, die lebensgefährlich sein kann. Zugegeben, ein sehr seltenes Ereignis, aber durchaus denkbar.

Es ist grundsätzlich möglich, das Tauchen zu trainieren, vorausgesetzt, man geht ganz behutsam dabei vor, am besten unter erfahrener Anleitung. Auch hier gilt: Jegliches Risiko und aufkommender Leistungsdruck sind zu vermeiden. Tun Sie nur Dinge, die Ihrem Kind Spaß machen und Freude bereiten.

Immunsystem

Kinder erkranken durch das Babyschwimmen keineswegs häufiger - wie mitunter angenommen. Man muss dazu wissen, dass Babys von Geburt an den natürlichen Immunschutz der Mutter in sich tragen. Um den sechsten Lebensmonat herum verliert sich dieser angeborene Schutz, und Babys bauen langsam einen eigenen Immunschutz auf. Unabhängig von einem Schwimmkurs können dann die verschiedensten Krankheiten auftreten.

Selbst der weitverbreitete Windelpilz entsteht selten durch Übertragung von anderen Kindern. Eine häufige Ursache ist vielmehr das ungenügende Abtrocknen der Kinder nach dem Baden bzw. Schwimmen. Selbst im Winter bei Minusgraden kann man zur Babyschwimmstunde gehen. Sie sollten anschließend nur darauf achten, dass Ihr Baby der Witterung entsprechend gekleidet ist. Mützen und warme Jacken sind dabei unverzichtbar.

Leidet Ihr Kind regelmäßig an Mittelohrentzündungen, ist vom Babyschwimmen eher abzuraten, da bei einem Kind, das dafür anfällig ist, eine Entzündung durch feuchte Ohren nach dem Baden häufig vorkommt. Bei diesen Kindern sind die Gehörgänge sehr eng. Das ändert sich erst nach einigen Jahren, und die damit verbundene Anfälligkeit lässt allmählich nach. Lassen Sie sich im Zweifelsfall von Ihrem Kinderarzt beraten.

! ***Tipp:*** *Als Eltern sollten Sie Ihrem Kind öfter mal den Schnuller aus dem Mund ziehen, da durch das Nuckeln und Saugen ein Unterdruck im oberen Nasen- und Rachenraum entsteht, der die auslösenden Keime leichter ins Mittelohr aufsteigen lässt.*

Hat Ihr Kind eine Impfung erhalten, warten Sie drei Tage bis zum nächsten Schwimmbadbesuch. Der Körper braucht Zeit und Kraft, um Abwehrstoffe zu entwickeln.

Babyschwimmen ist nicht geeignet für Kinder mit Infekten, offenen Wunden, Ekzemen, Fieber, Durchfall oder anderen ansteckenden Krankheiten. Das Gleiche gilt natürlich auch für die Begleitpersonen.

'or dem ersten Schwimmbadbesuch

Vor dem ersten Schwimmbadbesuch geht es in die Badewanne. Die Wassertemperatur in der Badewanne liegt bei den ersten Bädern um 37 °C. Das Wasser im Schwimmbad ist kühler, deshalb sollten Babys annähernd an die Schwimmbad-Wassertemperatur gewöhnt werden. Am besten geschieht das durch langsames Senken der Wassertemperatur in der Badewanne.

Zusätzlich sollte in der Badewanne immer ein Spielzeug dabei sein, z. B. eine Gummiente oder ein kleiner Ball. Dieses gewohnte Spielzeug kann auch mit ins Schwimmbad gebracht werden.

Wenn Ihr Kind nicht ohne Schnuller auskommt, darf der Nuckel mit ins Schwimmbad genommen werden. Bei Babys, die etwas Zeit brauchen, um sich auf neue Situationen einzustellen, wirkt er äußerst beruhigt.

3adehose und Co.

Als Badekleidung ist entweder eine Badehose, ein Baumwollhöschen oder eine Schwimmwindel zu empfehlen. Entscheidend ist, dass der Beinabschluss der Badekleidung stramm am Bein anliegt, damit kein großes Geschäft ins Badewasser gelangen kann. Sollte trotzdem ein Malheur passieren, verlassen Sie das Schwimmbecken, säubern Ihr Kind und wechseln die Badesachen.

Schwimmwindeln, oder auch Aquawindeln genannt, können Sie in den meisten Bädern erwerben. Diese kosten ca. 8 bis 15 Euro. Aquawindeln sind waschbare und daher wiederverwendbare Badewindeln.

Wasserqualität

Die Wasserqualität und die Wasseraufbereitung in deutschen Schwimmbädern sind nach DIN-Vorschriften geregelt und werden mehrmals täglich vom Schwimmbadpersonal kontrolliert. Die Einhaltung der DIN-Norm wird vom Gesundheitsamt zusätzlich regelmäßig überwacht. Dazu gehören unter anderem die Aufbereitung und Desinfektion des Schwimmbadwassers, die Keimfreiheit, der pH-Wert und der Chlorüberschuss. Außerdem läuft im Schwimmbad ständig Frischwasser hinzu. Das Beckenwasser dürfte Trinkwasserqualität haben. Das sind optimale Bedingungen, die Sie und Ihr Kind in einem Schwimmbad vorfinden.

Wann wird gebadet?

Der günstigste Zeitpunkt für ein Bad liegt zwischen den Mahlzeiten, dann ist das Baby nicht hungrig und sein kleiner Magen nicht zu voll. Ein voller Bauch macht träge und Ihr Kind könnte eher schlafen als baden wollen. Ein leerer Magen macht quengelig und unzufrieden, was weder Ihnen noch Ihrem Baby Spaß bereiten würde.

Die Zeit im Wasser

Die „Babyschwimmstunde" sollte nicht länger als 20 bis 30 Minuten andauern und das möglichst bei einer Wassertemperatur von 32 bis 34 °C. Unterkühlung ist ein nicht zu unterschätzender Zustand, daher sollte die maximale Aufenthaltsdauer im Wasser keinesfalls überschritten werden. Blaue Lippen oder ein Frösteln sind Anzeichen dafür, dass Sie Ihr Kind umgehend aus dem Wasser nehmen sollten. Trocknen Sie Ihren Liebling dann besonders gründlich mit einem bereitgelegten Handtuch ab und kuscheln Ihr Kind in ein weiteres trockenes, flauschiges Frotteetuch oder in einen Mini-Bademantel.

Es kann passieren, dass Ihr Kind nicht weiß, was Sie von ihm möchten, wenn Sie ihm ein Spielzeug ins Wasser geben. Ihr Baby hält dann seine Händchen zu Fäusten geballt. Öffnen Sie die Fäustchen des Kindes und führen Sie eine Hand behutsam zum Spielzeug. Meist greift Ihr Baby schon nach dem dritten oder vierten Versuch neugierig nach dem Wasserspielzeug. Geduld ist wichtig, denn für Ihr Kind ist alles neu, was Sie als Eltern für selbstverständlich ansehen.

Die geballten Fäustchen können ein Zeichen großer Anspannung sein. In solch einem Falle braucht Ihr Kind Kuscheleinheiten und viel Zeit, um das Neue zu verarbeiten. Reden Sie mit Ihrem Kind oder singen Sie leise vor sich hin, dann weiß Ihr Kleines, dass Sie da sind. Es fühlt sich schnell sicher und angenommen. Schmusen Sie mit Ihrem Kind ausgiebig und liebkosen Sie es während der Schwimmstunde, sooft es geht. Das Vertrauen in Sie als Eltern wird dadurch intensiver und die Eltern-Kind-Bindung enger.

Die Frage: Wie oft kann ich denn mit meinem Baby zum Baden fahren? wird von Eltern häufig gestellt. Es ist nicht ratsam, zu oft zum Schwimmen zu gehen, denn der kleine Körper des Babys braucht noch viel Ruhe und Zeit, das Erlebte zu verarbeiten. Ein bis maximal zwei Kursstunden in der Woche sind für die Kleinen ausreichend.

Vird mein Kind urch Babyschwimmen schlauer?

Durch diese spezielle Art der Gymnastik werden viele Impulse gegeben, die der frühkindlichen Förderung dienen, die Schulung der Wahrnehmung, Gleichgewichtsförderung, Kontaktbereitschaft, Stabilisierung der Koordination und Verbesserung der Konzentrationsfähigkeit sind nur einige Beispiele. Der Weg zur Lernbereitschaft und Lernfähigkeit wird nachhaltig geebnet.

Vor der Babyschwimmstunde

Schlüpfen Sie zuerst in die Badekleidung. Anschließend wird Ihr Kind umgezogen und bekommt eine Badehose oder eine Schwimmwindel an. Verzichten Sie bei Ihrem Baby auf ein Duschbad vor dem Schwimmen, denn daran sind solch kleine Kinder selten gewöhnt. Gerade in Schwimmbädern sind die Duschen nicht mit einer Handbrause versehen, und das Wasser prasselt kräftig auf die Kleinen herab, was manches Kind schon vor der Schwimmstunde verschrecken könnte.

Bitte cremen Sie Ihr Baby nicht vor der Babyschwimmstunde ein. Durch die Mischung Körperlotion und Wasser würde auf der Haut ein glitschiger Film entstehen, der es Ihnen erschweren kann, Ihr Kind im Wasser sicher zu halten.

Wegen der Rutschgefahr ist es wichtig, im gesamten Schwimmbadbereich langsam zu gehen, das gilt besonders für den Duschbereich und die Schwimmhalle. Es gibt Badeschuhe, die auf feuchten Böden besonders wenig rutschig sind. Lassen Sie sich im Fachhandel beraten.

Mit Kind, Handtüchern und Wasserspielzeug auf dem Arm geht es in die Schwimmhalle. Geben Sie Ihrem Baby ausreichend Gelegenheit, sich auf die neue Umgebung einzustellen. Schließlich soll eine Reizüberflutung durch die vielen neuen Eindrücke, wie Akustik und Gerüche, in einem Schwimmbad vermieden werden. Das mitgebrachte Spielzeug können Sie gut erreichbar am Beckenrand ablegen. Auch Handtücher für Sie und Ihr Kleines können parat gelegt oder auf einer geheizten Wärmebank schön vorgewärmt werden.

Setzen Sie sich nun auf den Beckenrand oder auf die Treppe und nehmen Sie Ihr Baby auf den Schoß. Für die Wassergewöhnung ist es wichtig, dass Sie Ihr Kind vor jeder Kursstunde rundherum nass machen, um den gefühlten Temperaturunterschied zwischen Luft und Wasser auszugleichen. Das geschieht am besten, indem Sie auf der Treppe oder auf dem Beckenrand sitzend Ihr Kind mit Wasser beträufeln und leise mit ihm sprechen.

Wenn Ihr Baby das Nassmachen ohne Protest hinnimmt, nehmen Sie es auf den Arm und begeben sich allmählich ins Wasser. Sollte Ihr Kind ängstlich sein und sich fest an Sie klammern, ist es besser, wenn Sie mit ihm vorerst am Beckenrand sitzen bleiben. Beruhigen Sie Ihr Kind durch einfühlsames Zureden oder lenken Sie es mit einem Spielzeug ab. Das hilft fast immer, und Sie können sich anschließend weiter ins Wasser vorwagen. Legt sich die Angst Ihres Sprösslings nicht, verlassen Sie nach ca. 10 Minuten das Wasser und versuchen es an einem anderen Tag erneut.

Bedenken Sie bitte, dass sich Ihr Befinden, Ihre Stimmungen und Ängste auf Ihr Kind übertragen. Seien Sie deshalb - sooft es geht - guten Muts und ausgeglichen und richten Sie es so ein, dass Ihre Babyschwimmstunden für Sie und Ihr Kind Wohlfühlstunden werden. Verbannen Sie Stress und Hektik

aus Ihrem Leben, so gut es geht. Diese Energieräuber schaden Ihnen nur.

Wenn Sie selbst Angst vor dem Wasser haben, spürt Ihr Baby diese Angst ebenso. In solchen Fällen sollten Sie Ihr Kind durch eine vertraute Person zum Babyschwimmen begleitet lassen. Oma, Opa, Onkel oder Tanten übernehmen meist sehr gern diese Aufgabe.

Eltern von Zwillingen sollten unbedingt für jedes Kind einen eigenen Betreuer vorsehen. Zwei Babys gleichzeitig die volle Aufmerksamkeit zu schenken, ist nicht möglich und aus Sicherheitsgründen auch nicht ratsam.

Lassen Sie die erste Stunde ruhig und langsam beginnen. Hektik und Unruhe sollten vermieden werden, damit Sie und Ihr Baby das Baden genießen können.

Oft möchten Eltern Geschwisterkinder mitbringen, weil Sie für die größeren Kinder keine Betreuung haben. Das ist durchaus möglich, wenn das ältere Geschwisterkind die Babyschwimmstunde nicht stört. Die selbst erlebte Babyschwimmstunde ist für die „Großen“ eine gute Gelegenheit, endlich einmal mit dem kleinen Geschwisterchen etwas anzufangen. Sie als Eltern müssen nur darauf achten, dass der Kopf des Babys über Wasser bleibt und dass nicht zu wild getobt wird.

Zuschauer außerhalb des Beckens sind, sofern sie das Baby nicht ablenken, willkommen. Außerdem können die Besucher wunderbare Fotos schießen oder Videofilme als Erinnerung drehen und so bleibende Momente schaffen.

Nach der Babyschwimmstunde

Sobald Sie mit dem Baby aus dem Wasser kommen, wickeln Sie es in ein bereitgelegtes Handtuch. Ist Ihr Kind nicht schreckhaft, können Sie es auch abduschen, um das Chlor abzuwaschen. Eincremen sollten Sie Ihr Baby nach dem Baden aber auf jeden Fall, um der Haut Fett und Feuchtigkeit zurückzugeben. Außerdem ist das Eincremen eine gute Gelegenheit für eine wohlige Babymassage.

Nach dem Ankleiden bieten Sie Ihrem Baby etwas zu essen und zu trinken an. Schwimmen macht hungrig und durstig, außerdem schläft es sich mit vollem Bauch wunderbar. Sollten Sie noch stillen, haben Sie die optimale Nahrung dabei.

Ihr Kind ist jetzt müde und braucht Zeit, das Erlebte zu verarbeiten. Es wird wahrscheinlich auch ein wenig schlafen. Viele Kinder schlafen auf dem Weg nach Hause bereits tief und fest. Einige Mütter berichteten mir, dass Ihre Babys bis zu drei Stunden nach einer Babyschwimmstunde geschlafen haben. Eine gute Gelegenheit für Sie als Mutter, sich etwas auszuruhen oder Dinge zu erledigen.

Es ist aber auch möglich, dass Ihr Kind putzmunter ist und sich quietsch fidel am Tagesgeschehen beteiligt. Auch das ist normal und je nach Eigenart des Kindes ganz unterschiedlich.

An die Eltern

Ein Babyschwimmkurs sollte immer allen Beteiligten Spaß machen, die Kinder ihrem Entwicklungsstand entsprechend fördern und einen methodischen Aufbau haben. Auf keinen Fall sollte daraus ein Leistungskurs entstehen.
Manche Babys wollen durchgehend beschäftigt werden, und permanent darf es etwas Neues sein. Andere Babys hingegen genießen schon den Auftrieb des Wassers, lauschen den vielen neuen Geräuschen und schauen sich alles in Ruhe an. Ganz gleich, zu welcher Gruppe Ihr Kind gehört, genießen Sie einfach die Zeit mit Ihrem Baby, in der kein Telefonanruf stört und keine Hausarbeit zu erledigen ist.

Wenn der Kurs vorbei ist, werden Sie möglicherweise die unbeschwerten Stunden mit Ihrem Kind vermissen. Versuchen Sie später regelmäßig, vielleicht mit anderen interessierten Müttern, baden zu gehen oder einen Aufbaukurs zu besuchen. Ihr Kind wird begeistert sein.

Viel Spaß bei der Babyschwimmstunde wünscht Ihnen Ihre

Annette Böhme

Der Kurs

Praktische Anleitung für Sie und Ihr Kind

Der Stundenaufbau

1. Stunde =	Intensive Wassergewöhnung, Erlernen verschiedener Haltegriffe. Wasserspielzeug
2. Stunde =	Wassergewöhnung, Haltegriffe. Wasserspielzeug
3. Stunde =	Vier Haltegriffe und der Sandwichgriff. Wasserspielzeug
4. Stunde =	Schwimmflügel kennen lernen, Hüftgriff. Wasserspielzeug, ein Schwimmflügel, Schwimmreifen
5. Stunde =	Schwimmflügeln anlegen. Wasserspielzeug, zwei Schwimmflügel, Schwimmreifen
6. Stunde =	Lernen das Baby loszulassen. Wasserspielzeug, Schwimmflügel, Schwimmnudel, kleiner Ball
7. Stunde =	Klettern, schweben und mehr. Spielzeug, Reifen und Schwimmflügel
8. Stunde =	Wellenreiten und spielen. Wasserspielzeug, Schwimmreifen und ein großer Wasserball, Schwimmbrett, Schwimmflügel
9. Stunde =	Es regnet und es wird gestaunt. Schwimmflügel, Wasserspielzeug, Reifen und eine kleine Gießkanne
10. Stunde =	Familienstunde, Spielen, Spaß. Wasserspielzeug, Schwimmflügel, Schwimmreifen, Badeinsel, Schwimmnudel

Die 1. Stunde

Für die Wassergewöhnung setzen Sie sich an den Beckenrand oder auf eine Stufe des Beckens und nehmen Ihr Baby auf den Schoß. Plaudern Sie dabei mit Ihrem Kind. Dann bespritzen Sie spielerisch nacheinander Arme, Beine, Rücken und Bauch, bis Ihr Baby ganz nass ist. Gehen Sie nun langsam mit Ihrem Kind auf dem Arm ins Wasser. Machen Sie anschließend einen kleinen Rundgang durch das Schwimmbecken, sprechen Sie Ihrem Baby dabei mit gehobener, sanfter und liebevoller Stimme Mut zu. Das Gesicht Ihres Kindes ist Ihnen dabei zugewandt, so dass Sie seine Reaktionen genau ablesen können. Nach der behutsamen Wassergewöhnung kann dann mit der ersten Übung begonnen werden.

— Bringen Sie Ihr Baby in die Bauchlage, so dass Sie ihm ins Gesicht schauen können, halten Sie es sicher unter den Achseln am Brustkorb fest. Die Daumen schließen sich dabei um seine Schultern. Gehen Sie nun rückwärts und ziehen Sie Ihr Baby in diesem Brustkorbgriff langsam hinter sich her.

- Ihr Baby kommt nun in die Rückenlage, so dass seine Wange an Ihrer liegt und die Beine von Ihrem Körper wegzeigen. Halten Sie es dabei wieder am Brustkorb fest und gehen dabei rückwärts durch das Wasser. Ihr Kind kann Sie dann nicht sehen, daher ist es besonders wichtig, dass Sie mit ihm sprechen, damit es Ihre Nähe spürt.

- Als nächste Übung nehmen Sie eins der zuvor bereitgelegten Spielzeuge ins Becken. Ihr Baby darf in der angekuschelten Rückenlage das Spielzeug festhalten und erforschen.

Jetzt wird von der Rückenlage in die Bauchlage gewechselt. Halten Sie dazu Ihr Kind rechts und links am Brustkorb, unterhalb der Achseln fest, so dass es von Ihnen wegschaut und nach einem Spielzeug greifen kann.

Diese Haltetechnik nennt sich Brustkorb- oder auch Achselgriff.

Hat Ihr Baby beim Greifen Erfolg, können Sie das Spielzeug erneut in leicht erreichbare Nähe werfen. Ihr Baby wird wieder danach greifen wollen. Loben Sie Ihr Kind zwischendurch des Öfteren. Schließlich steht nicht die gelungene Übung im Vordergrund, sondern der gemeinsame Spaß am Baden.

Bei der nächsten Übung schauen Sie Ihr Baby an und halten es mit beiden Händen gut fest. Heben Sie es hoch aus dem Wasser und tauchen Sie es dann wieder bis zu seinen Schultern ein. Diese Übung bereitet den meisten Babys viel Spaß. Damit Ihr Kind nicht auskühlt, sollten Sie es immer nur für einige Augenblicke aus dem Wasser heben, da die Luft als kühl empfunden wird.

Bringen Sie bei dieser Übung Ihr Kind in die Rückenlage. Greifen Sie ihm von oben unter die Arme und umschließen Sie die Schultern. Die Beinchen zeigen an Ihnen vorbei. Halten Sie mit Ihrem Baby Blickkontakt. Gehen Sie nun langsam vorwärts, so dass Ihr Kind durch das Wasser geschoben wird.

— Nehmen Sie nun Ihr Baby auf den Arm und hüpfen mit ihm munter durch das Wasser. Bei dieser Zwischenübung darf das Wasser auch bis zum Kinn hochspritzen.

Egal ob Sie allein mit Ihrem Kind im Schwimmbecken baden oder andere Mütter dabei sind, stimmen Sie doch zum Abschluss ein kleines Liedchen an, welches Sie mit passenden Handbewegungen unterstützen können, z. B. dieses Lied:

Alle Leut, alle Leut gehen jetzt nach Haus, große Leut, kleine Leut, dicke Leut, dünne Leut, alle Leut, alle Leut gehen jetzt nach Haus. Gehn in ihr Kämmerlein, lassen Fünfe gerade sein, alle Leut, alle Leut gehen jetzt nach Haus. Alle Leut, alle Leut, sagen auf Wiedersehn, es war so wunderschön. Babyschwimmen ist nun aus, wir gehen nach Haus.

Sie können Ihr Kind noch ein bisschen mit einem Wasserspielzeug spielen lassen, ehe Sie gemeinsam das Becken verlassen.

Tipp: *Ziehen Sie Ihrem Baby die Badehose noch im Wasser aus; das geht leichter als an Land. Stecken Sie die Badehose Ihres Babys in die Seite Ihrer Badekleidung, dann haben Sie beide Hände zum Abtrocknen frei.*

Kuscheln Sie Ihr Kind in das bereitgelegte Handtuch ein und gehen gleich mit ihm unter die Dusche, um das Chlorwasser abzubrausen. Anschließend geht es in die Umkleidekabine. Dort warten Kleidung und etwas zu Essen auf die Kleinen.

Die 2. Stunde

Auch die zweite Kursstunde beginnt mit einer einfühlsamen Wassergewöhnung. Nehmen Sie Ihr Baby zu sich auf den Schoß, machen Sie es behutsam nass und gehen dann mit ihm auf dem Arm langsam in das Schwimmbecken hinein.

— Als Nächstes bringen Sie Ihr Kind in die Bauchlage, so dass Sie ihm ins Gesicht schauen können. Wichtig ist, dass der Brustkorb im Bereich unter den Achseln sicher gehalten wird. Sprechen Sie mit Ihrem Kind und gehen dabei rückwärts.

— In der nächsten Übung bleibt Ihr Kind in der Bauchlage, allerdings soll es dabei jetzt nach vorne schauen. Gehen Sie vorwärts und schieben Ihr Baby dabei durch das Wasser.

Wichtig: Bei dieser Übung können Sie das Gesicht Ihres Kindes nicht direkt sehen. Deshalb sollten Sie besonders aufmerksam sein, damit Ihr Baby sich nicht verschluckt.

— Hüpfen Sie nun mit Ihrem Kind auf dem Arm durch das Wasser, dass es ordentlich spritzt. Achten Sie darauf, dass Ihr Kind nur bis zu den Schultern eintaucht. Blickkontakt ist auch hier wieder wichtig.

Das Wasser wieder beruhigen lassen.

— Ihr Baby jetzt in die Rückenlage bringen. Die Beine des Kindes zeigen auf Ihren Körper oder an Ihnen vorbei. Halten Sie Blickkontakt und schieben Sie Ihr Baby mit dem Kopf voran durch das Wasser.

Tipp: *Manche Kinder mögen die Rückenlage nicht mehr so gerne, weil sie in der Bauchlage mehr wahrnehmen können. Ein Wechsel zwischen Bauch und Rückenlage ist aber empfehlenswert, um unterschiedliche Muskelgruppen zu kräftigen und die Wirbelsäule abwechselnd zu be- und entlasten.*
Machen Sie ein Spiel daraus, denn Bewegung soll Spaß machen und das ein Leben lang.

— Bleiben Sie auf der Stelle stehen, halten Sie Ihr Kind weiterhin rechts und links unter den Armen am Brustkorb fest und ziehen es abwechselnd über die linke ...

... und rechte Seite

... durch das Wasser. Diese Übung trainiert die Rumpfmuskulatur wechselseitig und ist gut für die Verbesserung des Gleichgewichtsinns.

Info: Der Gleichgewichtssinn wird später beim Laufenlernen ganz intensiv gebraucht und durch frühes „Schwimmen" gefördert.

Bringen Sie Ihr Baby anschließend wieder in die Rückenlage.

Ziehen Sie Ihr Kind so an sich heran, dass der Kopf Ihres Kindes von Ihrer Schulter gestützt wird. Die Beine des Babys zeigen von Ihnen weg. Jetzt können Sie zusammen kuscheln und dabei rückwärts durch das Wasser gehen. Ihr Kind kann dabei auch sein Lieblingsspielzeug festhalten.

Nun halten Sie Ihr Kind mit beiden Händen richtig gut fest. Während Sie Blickkontakt halten, heben Sie Ihr Baby hoch aus dem Wasser, um es dann bis zu den Schultern einzutauchen. Viele Kinder bekommen von dieser Übung nicht genug und jauchzen vor Freude.

— Halten Sie Ihr Kind im Achselgriff fest. Bringen Sie es in die Bauchlage, so dass es nach vorne schauen kann. Lassen Sie Ihr Kind nach dem mitgebrachten Spielzeug greifen. Hat Ihr Baby beim Greifen Erfolg, können Sie das Spielzeug erneut in leicht erreichbare Nähe werfen.

! ***Tipp:*** *Wenn Sie sich mit mehreren Eltern treffen, probieren Sie doch einmal einen Abschlusskreis. Dazu stellen sich die Eltern mit ihren Babys zu einem Kreis zusammen und werfen das mitgebrachte Spielzeug in die Mitte. Jedes Baby darf sich dann ein Spielzeug nehmen. Sie können auch noch ein kleines Lied anstimmen, um damit das Ende der Babyschwimmstunde zu unterstreichen.*

Ziehen Sie Ihrem Baby wieder die Badekleidung im Wasser aus und gehen dann schnell unter die Dusche.

Die 3. Stunde

- Auch diese Kurstunde beginnt mit einer Wassergewöhnung. Das Baby behutsam nass machen und dann langsam ins Wasser gehen.

- Bringen Sie Ihr Baby in die Bauchlage und legen Sie eine Hand flach unter den Brustkorb und die andere Hand flach auf den Rücken des Babys, halten Sie es etwas vom eigenen Körper entfernt und gehen so durch das Wasser. Das Baby liegt zwischen Ihren Händen wie in einem „Sandwich".

Zum Halten ist dieser Sandwichgriff für Sie als Eltern etwas anstrengend, aber die Babys haben die größtmögliche Bewegungsfreiheit, da die Arme und Beine nicht gehalten werden.

— Halten Sie Ihr Baby weiterhin im Sandwichgriff. Nehmen Sie ein Wasserspielzeug dazu. Lassen Sie Ihr Kind immer wieder nach dem Spielzeug greifen und damit spielen.

Nach dieser Übung ist Toben angesagt. Nehmen Sie Ihr Baby auf den Arm und hüpfen durch das Wasser.

Üben Sie nun die vier bereits erlernten Haltegriffe der Reihe nach, aber ohne den Sandwichgriff.

- Rückenlage: Baby an Ihrer Wange liegend durch das Wasser ziehen.

- Rückenlage: Seitlich am Körper des Elternteils und durch Wasser schieben.

- Bauchlage: Unter den Achseln halten und durchs Wasser ziehen.

- Bauchlage: Ihr Kind neben sich durchs Wasser schieben.

Für die folgende Übung benötigen Sie eine Gummimatte, wie sie in fast allen Bädern vorhanden ist. Diese Matte holen Sie sich ganz nah an den Beckenrand heran, oder legen Sie bereit, bevor Sie in das Wasser hineingehen.

! *Wichtig:* *Bitte führen Sie diese Übung nur von einer dicken Gummimatte aus durch, Ihr Baby fällt sehr leicht um und könnte sich auf den Fliesen verletzen.*

Setzen Sie Ihr Kind auf die Gummimatte am Beckenrand und halten es mit beiden Händen fest. Suchen Sie den Blickkontakt zu Ihrem Kind und ziehen es bis zu den Schultern in das Wasser. Zu beachten ist, dass Ihr Kind nach vorne abrollt und nicht zur Seite wegkippt.

Wiederholen Sie diese Übung vier- bis fünfmal.

Tipp: Wenn Ihr Baby schon einen Moment frei sitzen kann, nehmen Sie Ihre Hände ein kleines Stückchen weg und locken Ihr Kind mit aufmunternden Worten zu sich, um es in Ihren Händen aufzufangen.

Nehmen Sie Ihr Kind auf den Arm und hüpfen Sie anschließend ein bisschen kreuz und quer durch das Schwimmbecken. Mund und Nase Ihres Kindes sollten dabei über Wasser bleiben.

Probieren Sie noch einmal den Sandwichgriff und lassen Sie Ihr Baby in diesem Haltegriff nach einem Spielzeug greifen.

Die 4. Stunde

- Zum Anfang der vierten Stunde erfolgt wieder die Wassergewöhnung.
- Nehmen Sie bei dieser Übung einen Schwimmflügel mit ins Wasser. Ihr Kind kann sich nun spielerisch damit vertraut machen. Lassen Sie Ihr Baby nach dem Schwimmflügel greifen, danach werfen Sie diesen nach vorn. Ihr Kind wird nun versuchen, sich den Schwimmflügel zu „angeln".

! ***Wichtig:*** *Abzulehnen ist der unsachgemäße Einsatz von Schwimmhilfen. Ein zu früher Einsatz von Auftriebsmitteln verhindert, dass das Baby lernt, sich auf dem Wasser auszubalancieren, was für das spätere eigenständige Fortbewegen unerlässlich ist. Vor dem vierten Lebensmonat verhindern Schwimmflügel eine richtige Haltung im Wasser und können bei unsachgemäßem Einsatz unter Umständen sogar zu Haltungsschäden führen.*

- Nehmen Sie Ihr Baby auf den Arm und hüpfen Sie mit ihm durch das Wasser, so dass es wieder richtig spritzt.
- Setzen Sie Ihr Baby nun auf einen Schwimmring und halten es gut fest. Damit Ihr Kind beim Durch-das-Wasser-Gehen nicht friert, wippen Sie auf und ab, damit seine Haut immer schön nass bleibt.

- Anschließend die Beinchen durch den Schwimmreifen fädeln und das Kind so hinter sich her ziehen.

So geht es natürlich auch, wenn diese Übung schon gut beherrscht wird.

- Ihr Baby nun aus dem Reifen nehmen und in einer beliebigen Rükkenlage durch das Wasser ziehen.

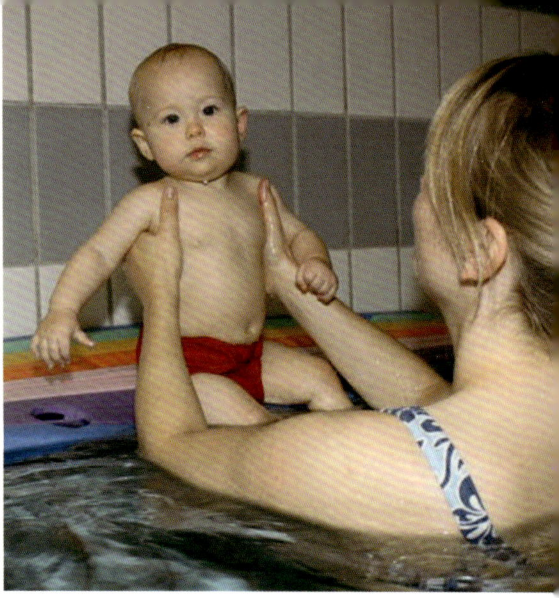

- Setzen Sie Ihr Kind auf eine Gummimatte und animieren es immer wieder dazu, ins Wasser zu hüpfen. Lassen Sie Ihr Kind bitte nur dann los, wenn es schon frei sitzen kann. Andernfalls halten Sie es fest und ziehen Sie es öfter mit Schwung ins Wasser.

- Sollten auch andere Mütter mit ihren Babys im Wasser sein, könnten die Babys sich auch gegenseitig nass spritzen. Nehmen Sie die Hand Ihres Kindes, und patschen damit auf die Wasseroberfläche. Manche Babys können damit nicht wieder aufhören.

— Beim nun folgenden Hüftgriff wird das Baby von hinten mit beiden Händen an den Hüften gehalten und durch das Wasser geschoben. Die Kleinen gleichen einer Galionsfigur beim Schiff.

! ***Wichtig:*** *Der Hüftgriff darf nur bei Kindern ab dem 6. Monat angewendet werden, da zu diesem Zeitpunk allmählich die notwendige Rumpfstabilität gegeben ist.*

— Jüngere Babys dürfen stattdessen einen kleinen Ball einfangen. Probieren Sie einmal diese Übung: Tauchen Sie einen kleineren Ball unter die Wasseroberfläche und lassen Sie ihn spontan los: Der Ball hüpft zur Freude Ihres Kindes schnell aus dem Wasser. Geben Sie nun Ihrem Kind den Ball und lassen Sie es selber experimentieren. Bälle entwickeln ein herrliches Eigenleben.

Halten Sie anschließend Ihr Kind mit beiden Händen am Brustkorb fest und ziehen es abwechselnd auf seinem Rücken oder auf seinem Bäuchlein durch das Wasser. Dieser Wechsel darf einige Male wiederholt werden. Suchen Sie dabei immer wieder den Blickkontakt zum Baby.

Auch diese Kursstunde ist einmal vorbei; planschen, spielen oder singen Sie zum Ende der Kursstunde.

Die 5. Stunde

— Als Erstes die Wassergewöhnung.

— Ihr Baby darf eine Weile mit seinem Lieblingsspielzeug im Wasser spielen.

Setzen Sie sich erneut auf die Stufen des Schwimmbeckens und nehmen Sie Ihr Kind mit dem Rücken zu sich auf den Schoß. Legen Sie ihm nun Schwimmflügel an. Achten Sie darauf, dass die Schwimmflügel ganz oben an den Armen sitzen. Beide Flügel sollten gleichmäßig aufgepustet sein. Drücken Sie die vorderen Ventile in die Vertiefung, damit Ihr Baby diese nicht zerbeißen kann.

Tipp: Wenn Ihr Kind die Schwimmflügel nicht mag, lassen Sie es mit einem der Flügel spielen und zuschauen, was sonst so Spannendes im Schwimmbad passiert. Meist lassen sich die Kleinen dann bereitwillig Schwimmflügel anlegen. Gehen Sie anschließend mit Ihrem Baby auf dem Arm in das Schwimmbecken.

— Halten Sie Ihr Kind mit einer Hand im Nacken und mit der anderen am Po fest. So sitzt Ihr Kind praktisch auf einer Hand, während die andere Hand als Nackenstütze genutzt wird. Damit haben Sie Ihr Baby gut im Griff und können gemeinsam im Wasser spazieren gehen.

Lassen Sie Ihr Baby von den Schwimmflügeln tragen und stabilisieren Sie nur die Lage Ihres Kindes.

Halten Sie Ihr Kind in der Bauchlage, so dass es nach vorne schauen kann. Nutzen Sie dafür wahlweise den Brustkorb- oder den Sandwichgriff. Lassen Sie Ihr Kind nach einem Spielzeug greifen.

Die Beweglichkeit der Arme und auch das Blickfeld werden durch die Schwimmflügel etwas eingeschränkt.

— Lassen Sie Ihr Baby noch einmal mit den Schwimmflügeln schweben. Dazu halten Sie wieder mit einer Hand unterstützend den Po und mit der anderen Hand den Nacken. Heben Sie Ihr Kind nicht aus dem Wasser, sondern nutzen Sie die natürliche Auftriebskraft des Wassers. Auch bei dieser Übung sollten Sie stets den Blickkontakt zu ihrem Baby halten und mit Ihrem Kind reden.

Zum Ende der Übung die Schwimmflügel ablegen.

- Nehmen Sie Ihr Baby auf den Arm und hüpfen noch ein bisschen gemeinsam durch das Wasser.

- Schauen Sie Ihr Baby an und geben Sie ihm Ihre Daumen zum Festhalten. Sichern Sie mit Ihren Fingern die Hände des Babys. Dann beugen Sie sich zurück und lassen Ihr Kind an sich hochklettern. Ist Ihr Baby oben angekommen, dann nehmen Sie es etwas von Ihrem Körper weg und tauchen es bis zu den Schultern ins Wasser. Gefällt Ihrem Baby diese Übung, so wiederholen Sie diese einige Male.

— Bringen Sie nun Ihren Liebling in die Bauchlage und ziehen Sie ihn in Schlangenlinien hinter sich her.

- Belassen Sie Ihr Kind in der Bauchlage und geben ihm ein Spielzeug zum Greifen und Spielen.

Für heute die Schwimmstunde in Ruhe ausklingen lassen.

Die 6. Stunde

- Zu Beginn erfolgt die Wassergewöhnung auf der Treppe. Legen Sie Ihrem Baby bitte gleich zu Beginn der Schwimmstunde die Schwimmflügel an.

- Halten Sie Ihr Baby mit nur einer Hand am Po fest und lassen den Oberkörper von den Schwimmflügeln tragen. Ein klein wenig ist auszubalancieren. Es wird Ihnen und Ihrem Kind mit Sicherheit Spaß machen, so durch das Wasser zu gehen.

— Versuchen Sie als Nächstes Ihr Kind nur noch am Kinn zu halten. Bewegen Sie ein Spielzeug vor seinem Gesicht, damit es abgelenkt wird und nach oben schaut. Es ist sinnvoll, das Baby zum Hochschauen zu ermuntern, da es sonst bis zur Nasenspitze in das Wasser eintauchen würde. Lassen Sie Ihr Kind nicht das Spielzeug greifen, weil es beim Zusammenführen der Schwimmflügel sonst tiefer eintauchen würde und Wasser schlucken könnte.

Einige Babys bevorzugen bei dieser Übung die Bauchlage. Halten Sie in solch einem Fall das Spielzeug entsprechend tiefer. Bewahren Sie nur den Kopf vor dem Untertauchen.

— Halten Sie Ihr Kind als Nächstes im Sandwichgriff in der Bauchlage. Lassen Sie es mit den angelegten Schwimmflügeln nach einem Spielzeug greifen. Für Ihr Baby wird es nicht ganz einfach sein, das Spielzeug zu erhaschen, weil die Schwimmflügel groß und etwas sperrig sind. Wenn Ihr Kind das Spielzeug eingefangen hat, lassen Sie es erneut danach greifen. Wie bei allen anderen Übungen sollten Sie auch hier nicht mit Lob sparen.

Setzen Sie nun Ihr Baby auf eine dicke Gummimatte und lassen es mit den Schwimmflügeln ins Wasser reinhüpfen oder ziehen es abrollend zu sich hinein.

Nehmen Sie Ihr Baby auf Ihren Arm und hüpfen Sie mit kräftigen Sprüngen durch das Wasser.

Nehmen Sie die Schwimmflügel ab und legen diese beiseite.

- Geben Sie Ihrem Baby Ihre Daumen zum Halten und lassen es von Ihrem Bauch bis hoch zur Brust an sich hochlaufen. Wenn Ihr Kind oben angekommen ist, wieder etwas vom Körper wegnehmen und erneut an sich hochklettern lassen.

— Machen Sie in eine Schwimmnudel einen Knoten und legen diese um Ihr Baby. Das ist eine wunderbare Möglichkeit, um mit dem Kind im Becken spazieren zu gehen.

Noch ein bisschen kuscheln und kosen, dann ist die Schwimmstunde für heute vorbei.

Die 7. Stunde

- Auch hier erfolgt zuerst die Wassergewöhnung.
- Gleich danach legen Sie Ihrem Baby die Schwimmflügel an und üben mit ihm das Schweben im Wasser. Halten Sie bitte Ihr Baby nur noch unterstützend am Kinn fest. Versuchen Sie auch die Hand am Kinn wegzunehmen und trotzdem zum schnellen Eingreifen in der Nähe zu lassen.

Ihr Baby darf seine Lage ruhig einmal verändern. Bevorzugt Ihr Kind ausschließlich die Rückenlage, so animieren Sie es durch ein Spielzeug, auch einmal die Bauchlage einzunehmen. Es kann sein, dass Ihr Baby in der Bauchlage bis zur Nasenspitze eintaucht. Verschluckt es sich, nehmen Sie Ihren Liebling schnell auf den Arm und klopfen ihm auf den Rücken, bis es das Wasser ausgehustet hat. Babys lernen schnell, dass es besser ist, den Mund geschlossen zu halten, um sich nicht andauernd zu verschlucken. Trotzdem probieren alle Babys den Geschmack des Schwimmbadwassers, das ist völlig normal.

— Mit den angelegten Schwimmflügeln in der Bauchlage ein Spielzeug greifen lassen, Ihr Kind dabei mit beiden Händen gut festhalten.

Oft werden die Arme bei angelegten Schwimmflügeln kaum eingesetzt, ermuntern Sie daher Ihr Kind zum greifen des Spielzeuges.

— Noch einmal mit den Schwimmflügeln frei Schweben üben oder nur am Kinn festhalten. Mit ein bisschen Übung klappt das meist schon recht gut.

Die Schwimmflügel nun wieder ablegen und folgende Übungen wiederholen:

- Lassen Sie Ihr Baby ohne Schwimmflügel von einer Matte hineinhüpfen.

- In der Rückenlage schmusen und kuscheln.

- Lassen Sie Ihr Baby in der Bauchlage nach einem Spielzeug greifen. Es darf auch noch eine Weile damit spielen.

Ende der Schwimmstunde.

Die 8. Stunde

Zum Start der achten Babyschwimmstunde erfolgt wieder die Wassergewöhnung.

Legen Sie Ihrem Baby die Schwimmflügel an und üben Sie mit ihm das freie Schweben. Loben Sie Ihr Kind für jeden noch so kleinen Erfolg.

- Setzen Sie Ihr Kind mit den Schwimmflügeln an den Armen in den Schwimmreifen. Ihr Baby kann nun nicht mehr durchrutschen, aber kentern, bitte aufpassen! Die Beweglichkeit Ihres Kindes ist hierbei stark eingeschränkt, daher sollten Sie es nicht lange im Schwimmreifen lassen. Sollte Ihr Kind sich darin wohl fühlen, schieben oder ziehen Sie es langsam durch das Schwimmbecken.

- Ihr Baby anschließend mit den Schwimmflügeln, aber ohne den Schwimmreifen, nach einem Spielzeug greifen lassen.

Die Schwimmflügel abnehmen und beiseitelegen.

- Nehmen Sie Ihr Baby auf den Arm und hüpfen Sie mit ihm wild durch das ganze Becken.
- Das Baby hält sich an Ihrem Daumen fest und Sie lassen es an sich hochlaufen.

— Holen Sie sich einen großen Ball ins Wasser und lassen Sie Ihr Kind den Wasserball kreuz und quer durch das Becken schubsen. Auch wenn es ihn nicht greifen kann, wird es doch immer wieder versuchen, ihn zu schnappen.

Diese Übung ist im Brustkorbgriff, Hüftgriff oder Sandwichgriff möglich. Probieren Sie aus, was Ihnen und Ihrem Kind am meisten Freude bereitet.

— Nehmen Sie bei folgender Übung ein Schwimmbrett mit in das Wasser. Legen Sie Ihr Baby mit dem Bauch darauf, so dass es sich an den langen Seiten festhalten kann. Gehen Sie nun mit einer auf- und abwippenden Bewegung durch das Wasser und schieben das Schwimmbrett mit Kind vor sich her. Eine lustige Wellenreiterei kann beginnen.

Beim Bewegen des Schwimmbretts lässt sich wunderbar folgendes Liedchen anstimmen, das nach der Melodie des Bi-Ba-Butzemanns gesungen wird.

Es tanzt ein Wi-Wa-Wassermann in unsrem Bad herum,
wiedebum,
es tanzt ein Wi-Wa-Wassermann in unsrem Bad herum,
wiedebum.
Er rüttelt sich, er schüttelt sich,
er wirft sein Säcklein hinter sich,
es tanzt ein Wi-Wa-Wassermann in unsrem Bad herum,
wiedebum.

— Nehmen Sie Ihr Baby anschließend vom Schwimmbrett und ziehen Sie es durch das Wasser. Wechseln Sie dabei wiederholt von der Bauch- in die Rückenlage.

! ***Tipp:*** *Diese Übung fördert wieder den Gleichgewichtssinn Ihres Babys und damit eine sichere Körperbeherrschung.*

Aus dem Wasser gehen und schon dabei die Badekleidung abstreifen.

Ende der Schwimmstunde.

ie 9. Stunde

- Die Wassergewöhnung kommt wie immer zuerst.
- Ihr Baby mit Schwimmflügeln immer häufiger frei schweben lassen. Diese Übung kann ruhig öfter wiederholt werden, denn Übung macht den Meister.

- Dann Ihr Baby in der Bauchlage nach einem Spielzeug greifen lassen, wenn es dieses Spielzeug erwischt, erneut wegwerfen und wieder einfangen lassen.

- Nehmen Sie Ihr Kind nun mit Schwimmflügeln auf den Arm und gehen hüpfend durch das Wasser.

- Ihr Baby wieder ein bisschen schweben oder mit einem Spielzeug spielen lassen.

- Setzen Sie Ihr Kind jetzt mit den Schwimmflügeln in den Schwimmreifen. Lassen Sie den Schwimmreifen dann los, aber keinesfalls weiter als eine Armlänge von sich entfernt. Sprechen Sie Ihr Kind dabei an und ermuntern Sie es, näher zu sich zu kommen. Wahrscheinlich wird Ihr Baby versuchen, durch Beinbewegungen zu Ihnen zu gelangen.

Wichtig:
Bitte passen Sie auf, dass Ihr Baby nicht kentert.

Schwimmreifen und Schwimmflügel ablegen.

— Geben Sie Ihrem Kind eine kleine Gießkanne zum Spielen und Kennenlernen in das Wasser. Führen Sie doch einmal vor, was man damit alles anstellen kann. Die Gießkanne wird schnell zum Lieblingsspielzeug.

— Begießen Sie nun Ihr Kind mit der kleinen Gießkanne. Das nimmt vielen Babys spielerisch die Angst vor dem Duschen. Lassen Sie den Wasserstrahl deutlich sichtbar vor dem Baby „herunterregnen". Nähern Sie sich Ihrem Kind allmählich. Lassen Sie das Wasser sanft auf den Armen Ihres Kindes, auf seine Brust und schließlich auch über den Kopf plätschern. Achten Sie darauf, dass sich Ihr Kind dabei wohl fühlt.

— Gibt es in Ihrem Schwimmbad einen Whirlpoolbereich, so nehmen Sie Ihr Baby auf den Arm und genießen das Sprudeln des aufschäumenden Wassers. Achten Sie darauf, dass Ihr Kind Gefallen an diesem Wasserspaß hat.

— Lassen Sie Ihr Baby zum Abschluss dieser Schwimmstunde mit einem Wasserspielzeug spielen.

Dem Baby die Badekleidung ausziehen und das Wasser verlassen. Ende der Schwimmstunde.

ie 10. Stunde

Die zehnte und letzte Stunde steht unter dem Motto „Familienstunde“. Jetzt ist eine gute Gelegenheit, Ihren Angehörigen zu zeigen, was Ihr Kind in den vergangenen Unterrichtsstunden gelernt hat.

Wiederholen Sie die erlernten Übungen nach Lust und Laune. Lassen Sie Ihr Baby mit Schwimmflügeln schweben. Spielen, toben und experimentieren Sie mit Ihrem Kind nach Herzenslust. Es können natürlich auch die Lieblingsübungen Ihres Babys sein, die nun immer wieder Freude bereiten.

Eine dicke Matte kann als Badeinsel dienen, von der ins Wasser gehüpft werden kann oder mit der mehrere Kinder auf „große Fahrt" gehen. Wenn Sie Ihr Baby auf diese Matte setzen oder legen, bespritzen Sie es immer wieder mit Wasser, um ein Auskühlen zu verhindern.

***Tipp:** Wenn Sie Schwimmflügel benutzen, sollten Sie anschließend Ihr Kind immer noch ein Weilchen ohne Flügel im Wasser spielen lassen. Das ist sinnvoll, damit das Baby spüren kann, dass es ohne Schwimmflügel untergehen würde.*

Dieser Babyschwimmkurs ist keine starre Anleitung, sondern soll Ihnen eine Vielzahl von Möglichkeiten und Anregungen bieten, mit denen Sie Ihre persönliche Babyschwimmstunde individuell gestalten können.

Die Zeit nach dem Babyschwimmkurs

Der Kurs ist beendet und Sie wissen jetzt, welche Schwimmübungen Ihrem Kinde Spaß machen. Fähigkeiten und Vorlieben für bestimmte Übungen oder Wasserspiele haben sich entwickelt. Nutzen Sie diese Chance und gehen Sie weiterhin mit Ihrem Kind regelmäßig schwimmen. Vermeiden Sie dabei zu großen Pausen, dann wird Ihr Kind eine begeisterte Wasserratte bleiben.

Sollten Sie nach den Kursstunden mit Ihrem Kind zum Baden gehen, so achten Sie bitte darauf, dass die Wassertemperatur weiterhin um 32 °C beträgt. Bis zum 3. Lebensjahr sollte die Wassertemperatur nicht unter 32 °C liegen, da der kleine Körper Ihres Kindes viel schneller an Wärme verliert und auskühlen würde.

Bei einer kühleren Wassertemperatur sollten Sie die Badedauer entsprechend verkürzen. Andernfalls würde es Stunden dauern, bis Ihr Kind seine normale Körpertemperatur zurückgewonnen hat, und das ist auf keinen Fall empfehlenswert.

Achten Sie daher stets auf bestimmte Warnsignale. Blaue Lippen, Frösteln oder Gänsehaut sind deutliche Anzeichen, dass Ihr Kind umgehend das Becken verlassen sollte. Wickeln Sie Ihr Baby in ein Badehandtuch ein und bieten Sie ihm am besten etwas Warmes zu trinken an.

Vielleicht haben Sie die Möglichkeit, sich mit anderen Eltern regelmäßig zu treffen und weiterhin zum Babyschwimmen zu gehen. Das ist sinnvoll, da die Wassergewöhnung nur bei regelmäßigen Schwimmbadbesuchen erhalten bleibt. Gemeinsam mit anderen Kindern macht das Planschen gleich doppelt soviel Spaß und fördert die soziale Kontaktbereitschaft.

Um die Zeit bis zum ersten Schwimmenlernen zu überbrücken, werden Kurse zur weiteren Wassergewöhnung für Ein- bis Dreijährige angeboten.

Im Alter von vier bis sechs Jahren können Sie Ihr Kind zu einem Schwimmkurs anmelden. Hier werden Sie noch einmal die Vorteile des Babyschwimmens erleben, denn Ihr Kind wird kaum oder gar keine Angst vor dem Wasser haben. Das ist überhaupt der einzige Nachteil am Babyschwimmen, dass Ihr Kind keine Angst vor dem Wasser haben wird. Es wird sich begeistert in jedes Schwimmbecken stürzen wollen, auch wenn es noch nicht schwimmen kann oder das Wasser zu kalt ist. Geben Sie daher immer gut Acht auf Ihren Liebling.

Nun bleibt mir nur noch, Ihnen und Ihrem kleinen Liebling viel Spaß beim Babyschwimmen zu wünschen.

Ihre Annette Böhme

Danksagung

Ganz herzlich möchte ich mich bei den Menschen und Unternehmen bedanken, die mir hilfreich zur Seite standen und ohne die ich dieses Buch nicht hätte verwirklichen können.

Deike Spieß „Absolut zuverlässig“

Thea Spieß „Mein geduldiges Fotomodel“

Nadine und Mathilda Philine Dannenberg „Die Wegbereiter“

Heike Frenzel „Die Frau der ersten Stunde“

Tanja Coenen „Die Wissende“

Marco Lamcke „Der kluge Kopf“

Firmengruppe Gebr. Holzapfel „BEMA Schwimmflügel, Wasserspielzeuge“

Delphin Vertriebsservice GmbH „Delphin Schwimmscheiben“

Sport-Thieme „Schwimmbretter und Schwimmnudeln“

Stadtbad Braunschweig GmbH „Das Element“

Firma Beco-Beermann „Die Hilfreichen“

Pro Swim GmbH „Flipper Swimsafe“

Stichwortverzeichnis

H

I

K

L

M

R

S

T

U

V

W

Z

mpressum

ISBN 978-3-00-030738-6

Lektorat: Ina Kaupat
Umschlaggestaltung, Layout und Satz: Dr. Andreas Zeiner
Printed in Germany

Bestellungen unter: nettesHaus@aol.com

www.nettesHaus.de

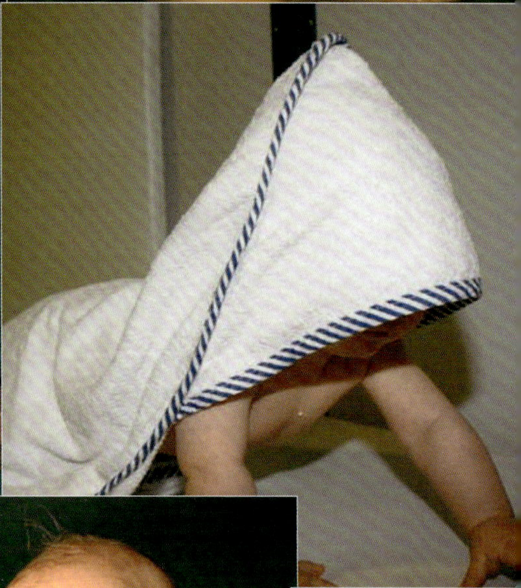

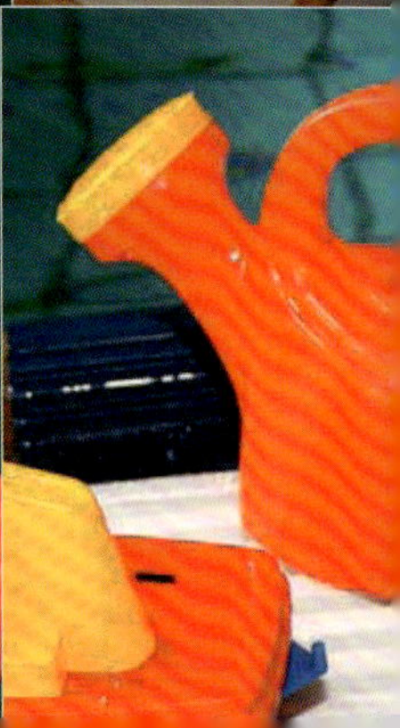